Waffen-Arsenal
Sonderband S-45

Waffen und Fahrzeuge der Heere und Luftstreitkräfte

Startende Pionier-Sturmboote im feindlichen Feuer, Finnland 1942.

STURMBOOTE DEUTSCHER PIONIERE 1934 - 1945

Horst Scheibert

PODZUN-PALLAS-VERLAG • 61200 Wölfersheim-Berstadt

QUELLEN

MERKBLATT 45a/22
"Das Pionier-Sturmboot - Ausbildung und Einsatz"
vom 1.9.1942
Dienstvorschrift D 525/1
"Sturmbootmotor 39 - Beschreibung und Bedienungs-
anleitung" vom 18.4.1940
Bundesarchiv Koblenz (BA)
Zentralarchiv der Pioniere
Archiv Podzun-Pallas
Archiv H. Scheibert
Archiv W. Fleischer
Archiv H. Riebenstahl
Munin-Verlag

TITELBILD
Zuwasserbringung eines Pionier-Sturmbootes unter
Nebelschutz.

Das farbige Titelbild zeichnete Horst Helmus.

Bei diesem Einsatz befindet sich im Boot auch ein Flammenwerfer-Stoßtrupp - ausgerüstet mit dem kleinen Flammenwerfer 35. Hieran, an dem nur noch schwachen Nebel und den zahlreichen Helfern, ist zu erkennen, daß es sich um eine spätere Übersetzwelle handelt.

© Copyright, 1997
Alle Rechte, auch die des auszugsweisen Nachdrucks
beim PODZUN-PALLAS-VERLAG GmbH,
Kohlhäuserstr. 8
61200 WÖLFERSHEIM-BERSTADT
Tel. 0 60 36 / 94 36 - Fax 0 60 36 / 62 70
Verantwortlich für den Inhalt ist der Autor.
Das WAFFEN-ARSENAL
Gesamtredaktion: Horst Scheibert
Technische Herstellung:
VDM Heinz Nickel, 66482 Zweibrücken
ISBN: 3-7909-05 98-4

Vertrieb:
Podzun-Pallas-Verlag GmbH
Kohlhäuserstr. 8
61200 Wölfersheim-Berstadt
Telefon: 0 60 36 / 94 36
Telefax: 0 60 36 / 62 70

Alleinvertrieb
für Österreich:
Pressegroßvertrieb Salzburg
5081 Salzburg-Anif
Niederalm 300
Telefon: 0 62 46 / 37 21

Verkaufspreis für Deutschland: 19,80 DM, Österreich: 145,00 Schilling,
Schweiz 19,00 sfr.
Für den österreichischen Buchhandel: Verlagsauslieferung Dr. Hain,
Industriehof Stadlau, Dr. Otto-Neurath-Gasse 5, 1220 Wien

VORWORT

In dem Wort "Sturm" liegt der Begriff "Angriff". So ist es auch das Pionier-Sturmboot, und dieses fast ausschließlich (mehr als beim Sturmgeschütz, das auch im Verteidigungsfall gute, oft sogar bessere Dienste leistet) ein Mittel zum Angriff über Gewässer.

Gelingt es nicht im überraschenden Vorstoß unzerstörte Brücken in Besitz zu nehmen, kommt es zum Angriff über den Fluß. Hierbei gehen die ersten Wellen unter möglichst starkem Feuerschutz durch Artillerie und Kampfflugzeuge mit Infanterie auf Sturmbooten über das Gewässer, gefolgt von Floßsäcken mit leichten Unterstützungswaffen wie Pak und Granatwerfer. Nach Bildung eines möglichst großen Brückenkopfes folgen Fähren mit Kampfpanzern und anderem schweren Gerät. Erst wenn mit deren Hilfe der Brückenhof eine große Tiefe erreicht hat, kann ein Brückenschlag erfolgen (s. Waffen-Arsenal S-41).

Am gefährdetsten sind die ersten Sturmbootwellen, da diese zumeist angesichts des Gegners das andere Ufer erreichen müssen und damit unter Feindbeschuß, soweit diesen nicht eigener Feuerschutz oder künstlicher Nebel verhindert.

Die Sturmboote müssen daher möglichst unbemerkt an den Fuß transportiert, schnell zu Wasser gebracht und klein im Ziel sein. Oft wird schon hierbei Nebel eingesetzt, der aber auch für die eigenen Truppen nicht immer von Vorteil ist.

Sturmboote gehören zur Pioniertruppe. Diese hat für den Angriff frühzeitig mit den überzusetzenden Infanteriekräften zusammenzuarbeiten. All das muß in der Ausbildung intensiv geübt werden. Führer der Boote sind immer Pioniere. Diese bedienen die Sturmbootmotoren und bringen nach Absetzen der Infanteristen die Boote wieder zum eigenen Ufer zurück, um dort sofort die nächste Welle aufzunehmen. Solange bis alle vorgesehenen Infanteristen am gegnerischen Ufer sind. Oft ein verlustreiches Unternehmen.

Im Folgenden werden den einzelnen Abschnitten neben eigenen einleitenden Worten auch Originaltexte aus dem Merkblatt 45a/22 "Das Pionier-Sturmboot - Ausbildung und Einsatz" vom 1.9.1942 vorangestellt. Dort in ( ) gesetzte Bezüge gelten nur für das Merkblatt und sind hier nicht zu berücksichtigen.

Eine Briefmarkenserie des Großdeutschen Reiches von 1944 zeigt Kampfsituationen verschiedener Waffengattungen. Daß hierbei ein Sturmboot für "Pioniere" zu sehen ist, zeigt, wie hoch deren Einsatz eingeschätzt wurde.

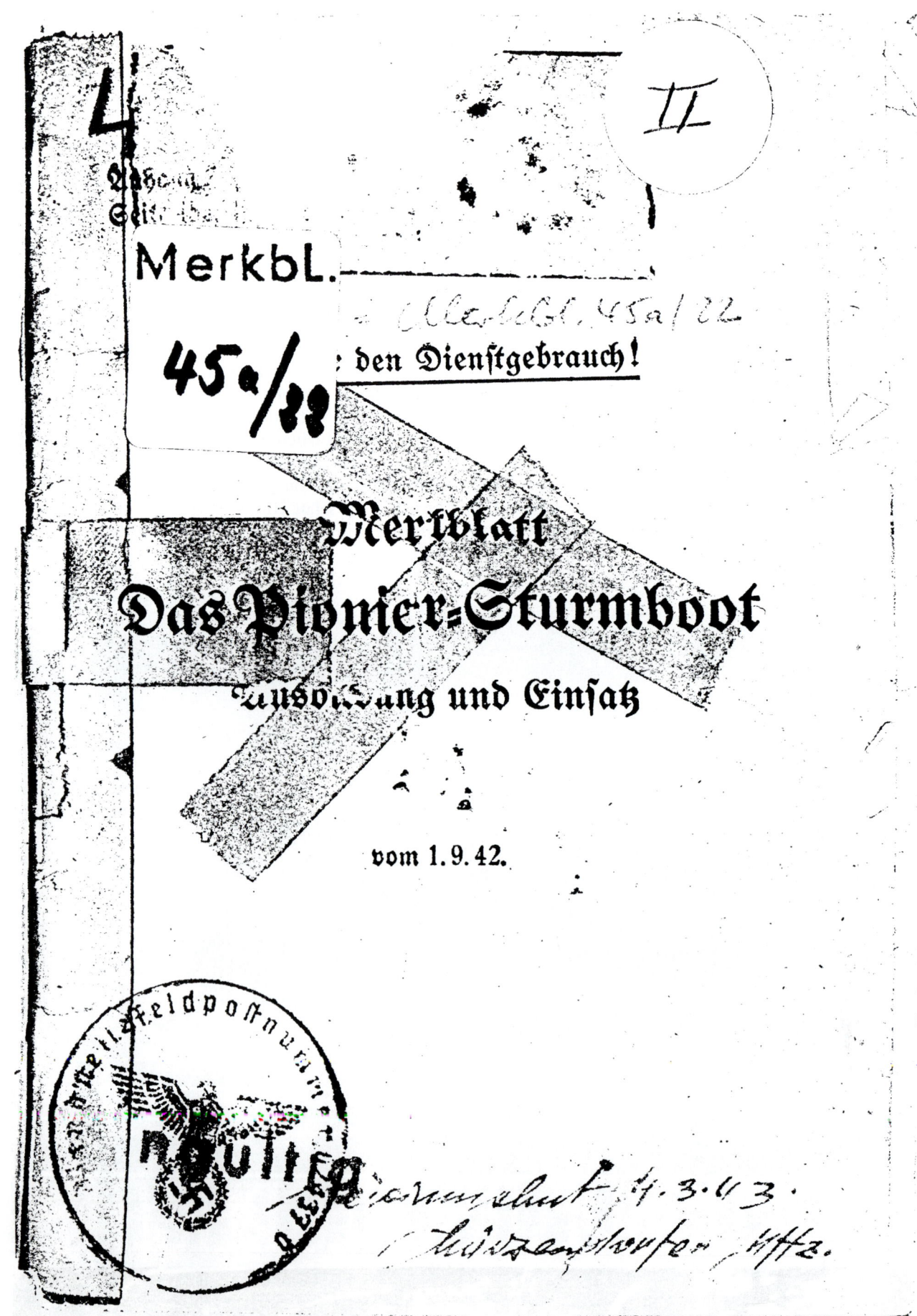

Dieses Merkblatt aus 1942 mit vielen Gebrauchsspuren bildet für die folgenden Angaben die Grundlage.

DAS PIONIER-STURMBOOT

Allgemeines.

1. Das Pionier-Sturmboot (Pi.-Sturmboot) ist ein Kampfmittel der Pioniere. Es bringt den Angreifer über das Wasserhindernis an den Feind. Das leichte, flachgehende, wendige und schnelle Boot eignet sich besonders zum Angriff über Flüsse und Seen und zur Überwindung naher Entfernungen beim Landen an freier Küste.

2. Das Pi.-Sturmboot ist ein durch Spanten verstärktes Holzboot mit glatter Außenhaut. Die Länge beträgt 6 m, die größte Breite 1,50 m. Das Gewicht ist 180 kg (mit Abdeckung 230 kg).

Es ist in 3 verschiedenen Ausführungsformen vorhanden, und zwar offene Boote, Boote mit abnehmbarer Abdeckung (36) und fest abgedeckte Boote.

Die offenen Boote und die Boote mit abnehmbarer Abdeckung lassen sich auf dem Pi.-Sturmboot-Anhänger verladen. Die Boote mit fester Abdeckung müssen besonders verladen werden (s. 23 u. 24).

3. Im Einsatz des Pi.-Sturmbootes ist der einzelne Pi.-Sturmbootführer auf sich selbst gestellt und auf sein Können und seine Einsatzfreudigkeit angewiesen. Dieser Tatsache ist bei der Auswahl der Pi.-Sturmbootfahrer und ihrer Ausbildung Rechnung zu tragen.

TRANSPORT

Transportiert werden die Boote im Dreierpack und möglichst unsichtbar (oft in der Nacht zuvor) nahe an das Ufer gefahren. Dort werden sie bei Angriffsbeginn mit Hilfe der zu transportierenden Infanteristen schnell über die letzten Meter zu Wasser gebracht. Der starke Sturmbootmotor bringt dann das Boot schnell zum gegnerischen Ufer.

Ein Pionier-Sturmbootanhänger mit drei Booten, in der üblichen Art diese zu transportieren.

Hier der Transport auf einem Zivil-Lkw. Siehe die noch vorhandene zivile Fahrzeug-Nr. und die an der Heckklappe befindliche Bezeichnung WH (BA).

Ein Sturmboot wird vom Anhänger in die Bereitstellung gebracht. Vermutlich ein Übungsbild.

BEREITSTELLEN UND ZUWASSERBRINGEN

3. Bereitstellung.

25. Die Bereitstellung wird in Deckung möglichst nahe am Wasser und möglichst bei Nacht vorgenommen. Für die Annäherung in die Bereitstellung und für das Zuwasserbringen des Pi.-Sturmbootes ist eine eingehende Erkundung der Ufer- und Wasserverhältnisse durchzuführen.

Die Pi.-Steuerleute sind frühzeitig mit ihrem Auftrage vertraut zu machen und gründlich auf den Einsatz vorzubereiten.

4. Höchstbesatzung.

26. 2 Pi.-Steuerleute und 6 Mann, bei starkem Strom oder zusätzlicher Belastung mit Waffen und Munition (z. B. le. M. G.) 2 Pi.-Steuerleute und 5 Mann.

5. Zuwasserbringen.

27. Zum Vorbringen der Bootskörper und Motoren sind die Mannschaften der ersten und zweiten Welle notwendig.

An Kräften sind mindestens erforderlich:
  für Bootskörper . . . . . . 6 Mann,
  für Motor . . . . 4 Mann,
  zusammen 10 Mann.

Um die Geschwindigkeit des Pi.-Sturmbootes besser auszunutzen und um dem Gegner ein geringes Ziel zu bieten, ist möglichst senkrechtes Überqueren des Flusses anzustreben. Bei breiten Flüssen, etwa über 200 m, sowie bei Stromgeschwindigkeiten über 2 m/s werden die Pi.-Sturmboote entsprechend oberstrom (bis zu 70 m) der vorgesehenen Landestelle zu Wasser gebracht, um den Abtrieb auszugleichen.

Herübergieren ist deshalb unzweckmäßig, weil dabei mehr Zeit benötigt und dem Gegner ein größeres Ziel geboten wird.

Je nach Feindlage (Artilleriefeuer) sind die Motoren möglichst schon vor dem Vorbringen kurz anlaufen zu lassen, um das Anspringen zu erleichtern.

Oben und unten:
Neben dem Boot in Bereitstellung liegend, wird auf den Übersetzbefehl gewartet.

Es kann nur noch Minuten dauern...

...jetzt noch Sekunden...

Oben:
... dann mit vereinten Kräften, schnell und oft unter feindlichem Feuer, beginnt die Zuwasserbringung.

Rechts:
Hier geht es durch eine, oft sehr breite Nebelwand, um möglichst lange dem Gegner den Ort des Überganges zu verschleiern.

Unten:
Ein weiterer gefährlicher Zeitpunkt ist das Einbooten und Finden von genügend tiefem Wasser zur Nutzung des Motors.

Dieses Foto diente dem Zeichner als Vorlage zum Titelbild (BA).

DAS ÜBERSETZEN

Rechts:
Ein Ausschnitt aus der Vorschrift zum Übersetzen.

6. Übersetzen.

28. Beim Übersetzen ist der Pi.-Steuermann nur so weit aufgerichtet, wie es die Übersicht und die Bedienung des Motors unbedingt erforderlich macht. Alle übrigen Insassen knien (kauern) in dem Boot möglichst weit zum Heck und so, daß die Körper nicht über das Schandeck ragen (Bild 1). Ist mit feindlicher Gegenwehr am andern Ufer zu rechnen, ist im Bug des Bootes eine Waffe (le. M.G., M. P. oder Gewehr) als Feuerschutz einzusetzen.

Bild 1.
Pi.-Sturmboot beim Übergang.

Die übergesetzten Mannschaften verlassen schnellstens das Boot und gehen in Stellung. Der Bootsmann setzt sofort wieder ab, damit das Pi.-Sturmboot die nächste Welle herüberholen kann.

Unten:
Und hier ein Foto der Praxis (BA).

Eines der verbreitesten Bilder über Sturmbooteinsätze. Es zeigt einen Sturmboot-Steuermann in Ausübung seiner Tätigkeit.

Rechts:
Daß sich auch Offiziere als Sturmbootführer betätigten war nicht üblich, und ist wohl nur in Notfällen vorgekommen.

Unten:
Dieses Foto stammt vom Übersetzen auf dem Dnepr., 1941. An der Mitnahme eines Fahrrades, der Haltung des Sturmbootführers und dem fehlenden Nebel ist zu erkennen, daß es sich hier um eine spätere, weniger gefahrvolle Fahrt handelt.

Oben:
Auch hier handelt es sich vermutlich um eine spätere Übersetz-Welle.

Links:
Zwei Boote in Sturmfahrt.

Unten:
Auch dies ist es eine spätere Überfahrt, da der MG-Schütze im Bug sein MG nicht feuerbereit hält.

Ein etwas verwirrendes Foto mit einer Besatzung, die rudert und anscheinend aufrecht im Boot sitzt. Vermutlich überholt hier ein Sturmboot einen Floßsack. Das Sicherungsboot im Hintergrund verweist auf eine Übung.

Auch dieses Foto ist sicher ein Übungsbild, da von der Besatzung Schwimmwesten getragen werden.

Auf dieser Zeichnung ist das Übersetzen, die Anlandung und die Rückkehr des leeren Bootes (links) zu einem weiteren Übersetzen gut erkennbar.

Links:
An der Spitze des Bootes liegt der MG-Schütze der zu transportierenden Gruppe. Mit seinem MG in der Halterung feuert er bereits während des Übersetzens auf das gegnerische Ufer.

Rechts und unten:
Typische Fotos vom Übersetzen. Es sind zumeist Übungsbilder, da das Fotografieren eines scharfen Übersetzens - insbesondere bei den ersten Wellen - zu gefährlich war.

Übungsfotos auf einem großen, eisführenden Fluß.

Die Phase des Übersetzens bot für Zeichner der Propagandakompanien immer Motive für Aktionsbilder. Hier ist im Vorde erhalten dabei Unterstützung von Stukas und eigener Artillerie.

...rmboot der zweiten Welle zu sehen. Im Hintergrund, am feindlichen Ufer, landen gerade Boote der ersten Welle. Sie

Durch die Wellen des Vordermannes.

ANLANDUNG

Kurz vor der Anlandung, wobei - je nach Uferbeschaffenheit - die Boote direkt auf das Ufer fahren oder seitwärts anlegen.

Die Angaben zu diesem Foto sprechen von einem Übersetzen bei Krementschuk am Dnepr. Die Ortsangabe kann stimmen, ein scharfer Einsatz ist es aber nicht.

Anlandungen: Oben seitwärts; rechts direkt auf das Ufer.

Da es hier ein flaches Ufer ist, schiebt sich der Bug des Bootes auf das Ufer.

Eines der wenigen echten Kampffotos (Djepr. 1941). Es zeigt vermutlich die Rückkehr eines Bootes zum eigenen Ufer, auf dem jedoch bereits feindliches Feuer liegt. Gut erkennbar ist die Halterung für das MG am Bug des Sturmbootes.

Auch hier ist das Boot auf das Ufer geschoben worden. Die weißen Drillich-Hosen der Soldaten weisen auf eine Übung hin (BA).

Weitere Verstärkungen setzen über. Vorn wird ein vollbesetztes Boot zur erneuten Überfahrt gewendet.

ANDERE VERWENDUNGEN DES STURMBOOTES

7. Pi.-Sturmboot zwischen zwei großen Floßsäcken.

29. Sobald infanteristische Feindeinwirkung auf den Fluß nicht mehr besteht, ist Übersetzen in großen Floßsäcken in Verbindung mit Pi.-Sturmbooten

Bild 2.
Pi.-Sturmboot zwischen zwei großen Floßsäcken.

zweckmäßig (Bild 2). Hierdurch werden in der gleichen Fahrt wesentlich mehr Kämpfer übergesetzt.

Dabei sind die Floßsäcke möglichst weit vorn an den Seiten des Pi.-Sturmbootes zu befestigen, damit das Heck des Pi.-Sturmbootes noch etwas herausragt, um das Steuern zu erleichtern.

Tragkraft:
2 große Floßsäcke je 12 Mann . = 24 Mann,
Pi.-Sturmboot . . . . = 6 Mann,
                                = 30 Mann.

Zusätzliches Gerät: 2 Bindeleinen zum Anschnüren der Floßsäcke.

Zwei Floßsäcke gekoppelt an einem Sturmboot.

Bild 3.
Drücken einer Floßsackfähre.

9. Drücken einer B=Fähre (4 t).
31. Bau der Fähre siehe H. Dv. 220/3 b, Ziff. 65 bis 71.

Bild 4.
Drücken einer 4 t=B=Fähre.

Beim Bau der B=Fähre mit Zusatzgerät kann das Pi.=Sturmboot unter der Brückendecke festgelegt werden. Die Steuerfähigkeit wird hierdurch erhöht. Die Verwendung ist auf schwachen Strom und für kurze Zeit beschränkt.

Gefangene Russen verlassen eine Floßsackfähre.

Eine 4t=B=Fähre gedrückt von einem Sturmboot.

Bild 5.
Großer Floßsack zwischen 2 Pi.=Sturmbooten.

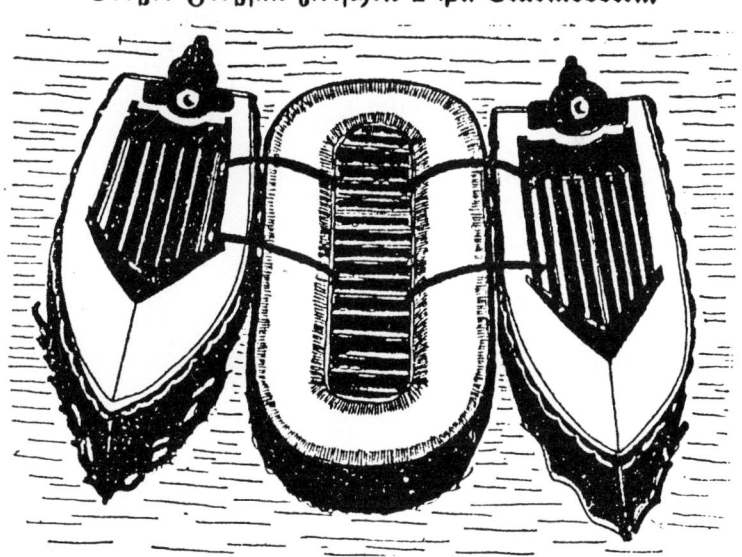

Beim Fahren ist es zweckmäßig, den besten Pi.=Steuermann auf das Steuerbord=Pi.=Sturmboot ein=

*Unten:
Ein großer Floßsack wird an ein Sturmboot gekoppelt.*

29

Auch zu kampflosen Einsätzen wurden diese schnellen und wendigen Boote viel genutzt - wie hier mit Soldaten ohne Waffen.

Unten:
Nach dem Niederkämpfen des Gegners kommen - vor dem Bau größerer Fähren und schließlich Brücken - immer mehr Floßsäcke und kleinere Fähren zum Übersetzen von schweren Waffen und ersten Kfz zum Einsatz. Wegen ihrer Schnelligkeit fahren in dieser Zeit aber auch immer noch Sturmboote.

EINSÄTZE AUF SEE

Bei den Kämpfen am Eismeer, in Finnland, an der baltischen Küste, der Adria und im ägäischen Meer kam es öfter zu Einsätzen auf großen Seen und im Meer.
Hierzu sagt das Merkblatt:

II. Das Pionier-Sturmboot beim Einsatz auf See.
1. Fahren auf See.

35. Das offene Pi.-Sturmboot ist für Brandung und schweren Seegang an sich nicht geeignet. Seine Verwendung in Seegang und leichterer Brandung kann daher nur möglich gemacht und verantwortet werden, wenn die Seefähigkeit des Bootes durch bauliche Veränderungen erhöht und das Boot in Brandung und See seemännisch und sachgemäß gehandhabt wird.

36. Für den Einsatz des Pi.-Sturmbootes auf See sind an baulichen Veränderungen notwendig:
Der Einbau einer vierteiligen Abdeckung (Bug- und Heckabdeckung, Seitenabdeckungen und Schottwände) mit Wellenbrecher, um das Eindringen von überkommender See in das Bootsinnere zu verhindern.
Das Anbringen von dicken Kork-, Gummi- oder Kapokwulsten in Höhe des Decks. Die um das ganze Boot laufenden dicken Wulste dienen in erster Linie zur Erhöhung der Querstabilität des Bootes. Um das Eindringen von Wasser in den Vergaser und zwischen Entstörungskappen und Zündkerzen zu verhüten, ist die Schutzplane mit Einschnitten überzudecken. Bei Motoren mit Ansaugluft-Vorwärmeeinrichtung ist die Schutzplane nicht unbedingt erforderlich, lediglich Schutz der Zündkerzen.

37. Da die Einsatzmöglichkeit des Pi.-Sturmbootes begrenzt und vor allem von dem herrschenden Wind und Seegang und den verschiedenartigen örtlichen Verhältnissen abhängig ist, lassen sich genaue Anweisungen für die Bedienung des Pi.-Sturmbootes nicht geben. Es werden daher nur Hinweise gegeben, die als Richtlinien gewertet werden können, um die Handhabung des Pi.-Sturmbootes zu erleichtern und somit seinen Einsatz erfolgreich zu gestalten.

a) Die Brandung.

38. Besonders gefahrvoll ist die Brandung. Es ist dabei gefährlicher, von See aus vor oder mit der Brandung zu laufen, als von Land aus gegen sie anzufahren. Aber gerade von See aus wird die Brandung viel leichter unterschätzt als vom Lande aus, da nur die glatten Rücken der Brecher zu sehen sind.
Die äußerste Brandungslinie, in der sich die Wellen brechen, ist die schwerste und deshalb auch die gefährlichste. Je abschüssiger die Küste ist, um so näher dem Lande zu wird die Brandung eintreten.

Hier ein Boot beim Einsatz auf stürmischer See.

Diese Boote fahren auf der Ostsee zur Besetzung der Baltischen Insel Dagö vor der Bucht von Riga (Oktober 1941). Hier ist die Bugabdeckung gut erkennbar.

Eine der zahlreichen Vorübungen zum Unternehmen "Seelöwe" (Landung an der englischen Küste - 1940) durch ein Sturmkommando bei Le Havre. Es handelt sich hier um eine schon zuvor beschriebene Koppelung von Sturmboot mit Floßsäcken. Gut zu erkennen ist hier die Bug-(auch Heck-)Abdeckung mit Schwellbord, um bei höherem Wellengang eine Übernahme von Wasser zu verhindern.

Hier sind es Vorbereitungen zur Besetzung der Baltischen Inseln Dagö, Moon und Ösel 1941. Interessant das Verzurren einer 3,7 cm Pak auf einem dieser Floßsäcke.

Ohne Verluste ging es dabei (Moon) nicht.

Zur Besetzung der Insel Leros im Ägäischen Meer werden hier Vorbereitungen getroffen. Es ist immer noch das leichte Pionier-Sturmboot, nun jedoch mit einer Reihe von Veränderungen für Einsätze auf hoher See.

D 525/1

SECRET

Sturmbootmotor 39

Beschreibung und Bedienungsanleitung

Vom 18. 4. 40

Unveränderter Nachdruck

Berlin 1941

A. Allgemeines

Der Sturmbootmotor 39 ist ein wassergekühlter Vierzylinder-Viertakt-Boxermotor mit einer Leistung von 30 PS. Er arbeitet als Außenbordmotor.

Der Sturmbootmotor dient in erster Linie als Antrieb für das Sturmboot 39. Darüber hinaus kann er als Außenbordmotor zum Antrieb von Einzelpontons und Fähren verwendet werden. Er wird den bisherigen Außenbordmotor bei den Brückengeräten allmählich ersetzen.

Leistung des Vierzylinder-Viertakt-Boxermotors 30 PS

    Bohrung .... 76 mm
    Hub .... 90 mm
    Gesamthubraum .... 1633 cm³

Drehzahl des Motors und der Antriebsschraube 3000 U/min
Antriebsschraube (3 Flügel) Durchmesser ...... 275 mm
Fahrgeschwindigkeit bei Verwendung am Sturmboot .... 28—30 km/Std.
Fassungsvermögen des Kraftstoffbehälters .... etwa 18 l
Fassungsvermögen des Schmierölbehälters .... etwa 4 l
Kraftstoffverbrauch .... 10—12 l/Std.
Ölverbrauch .... etwa 0,3 l/Std.
Höchstbetriebsdauer bei Dauerbetrieb mit einer Kraftstoffbehälterfüllung .... 1½ Std.
Staumaße des Motors: Länge .... 4125 mm
                      Breite .... 843 mm
                      Höhe .... 620 mm
Gewicht des Motors: (ohne Kraftstoff und Öl) 170 kg
                     (mit Kraftstoff und Öl) 187 kg

Motorblock

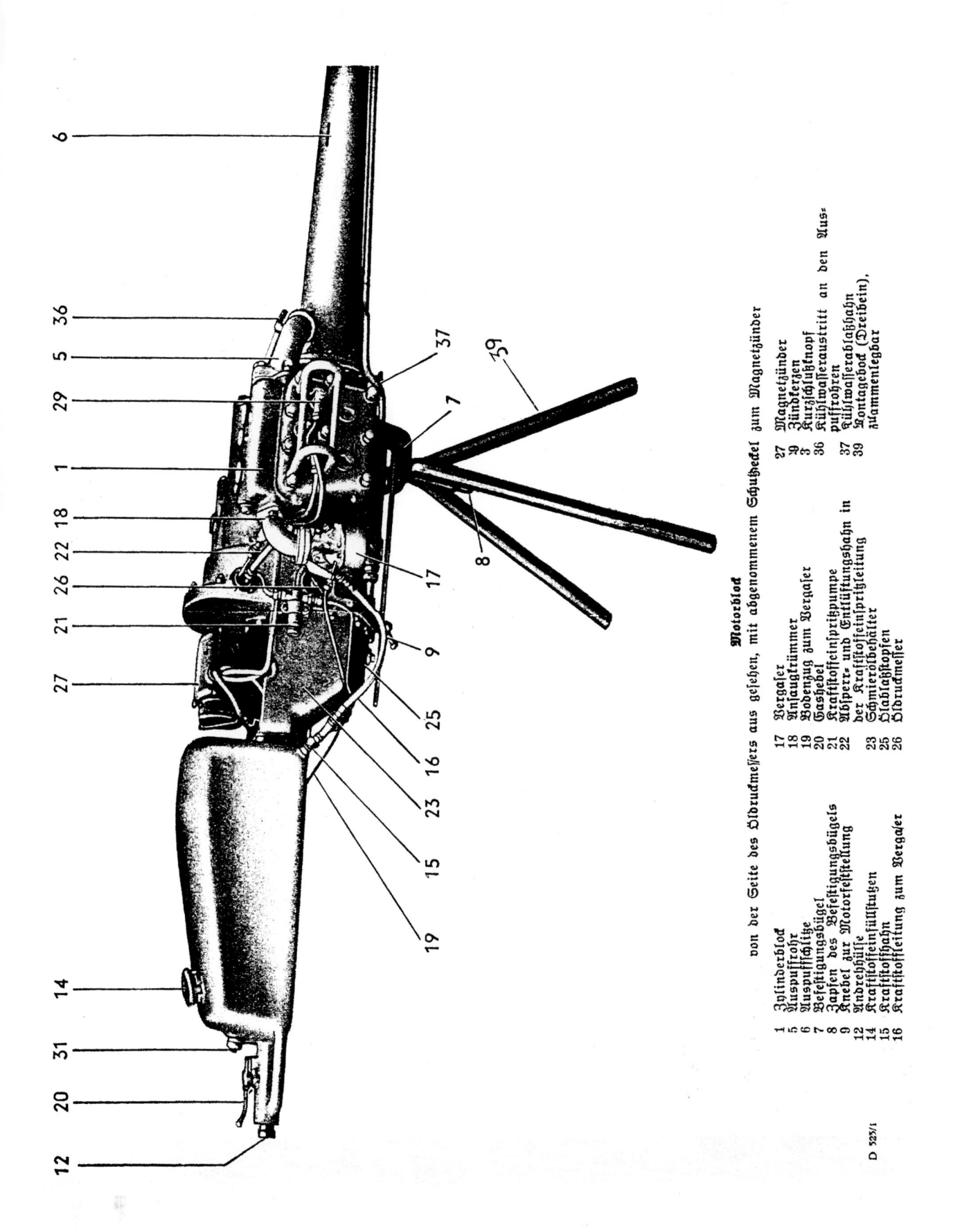

von der Seite des Öldruckmessers aus gesehen, mit abgenommenem Schutzdeckel zum Magnetzünder

1	Zylinderblock	17	Vergaser	
5	Auspuffrohr	18	Ansaugkrümmer	
6	Auspuffspitze	19	Bodenzug zum Vergaser	
7	Befestigungsbügel	20	Gashebel	
8	Zapfen des Befestigungsbügels	21	Kraftstoffeinspritzpumpe	
9	Knebel zur Motorfeststellung	22	Absperr- und Entlüftungshahn in der Kraftstoffeinspritzleitung	
12	Andrehhülse	23	Schmierölbehälter	
14	Kraftstoffeinfüllstutzen	25	Einlaßkopf	
15	Kraftstoffhahn	26	Öldruckmesser	
16	Kraftstoffleitung zum Vergaser	27	Magnetzünder	
		29	Zündkerzen	
		3	Kurzschlußknopf	
		36	Kühlwasseraustritt an den Auspuffrohren	
		37	Kühlwasserablaßhahn	
		39	Montagebock (Dreibein), zusammenlegbar	

D 525/1

STURMBOOTMOTOR 39

Sturmbootmotor 39 Werkzeug Gew. 25 kg

- a 1 Rolle Isolierband
- b 2 Kolbenringe
- c 1 Platte mit 3 Kraftstoff- und 2 Luftdüsen
- d 2 Kraftstoffleitungsschläuche¹)
- e 1 Kombinationszange
- f 1 Kreuzmeißel
- g 1 Lager für Antriebsschraubenwelle
- h 2 Verschiedene Muttern
- i 1 Nachstreifringe
- k 1 Putzlappen
- l 1 Verschiedene Scheiben
- m 1 Schlosserhammer
- n 1 Schneckenrad
- o 1 Schraubenschlüssel, verstellbar
- p 1 Schraubenzieher
- q 1 Sechskantsteckschlüssel 14 mm Schlüsselweite
- r 1   „   „   17 „   „
- s 1   „   „   19 „   „
- t 1   „   „   22 „   „
- u 1 Sonderschlüssel¹)
- v 1 Verschiedene Splinte
- w 1 Spritze¹)
- x 2 Trichter
- y 2 Ventile
- z 4 Ventilfedern
- a₁ 1 Ventilfederhebezange
- b₁ 1 Bergerschlüssel
- c₁ 2 Zündkerzen
- d₁ 1 Zündkerzenbürste
- e₁ 1 Zündkerzenreiniger

¹) Nicht abgebildet.

Inhalt des Kastens „Werkzeug"

- a 2 Andrehkurbeln
- b 1 Aushebern für Kühlwasserpumpe¹)
- c 1 Bombenzug¹)
- d 1 Verschiedene Dichtringe
- e 1 Verschiedene Dichtungen
- f 1 Doppelschraubenschlüssel 11 und 14 mm Maulweite
- g 1   „   „   17   „   19   „   „
- h 1   „   „   22   „   27   „   „
- i 1   „   „   30   „   32   „   „
- k 2 Drehstifte für Steckschlüssel
- l 1 Durchtreiber
- m 1 Einfachschraubenschlüssel 9 mm Maulweite
- n 1   „   „   11   „   „
- o 1   „   „   12   „   „
- p 1 Büchse Einschleifmasse
- q 1 Einstellehre für Magnetzünder¹)
- r 1 Verschiedene Federringe
- s 1 Flachstumpffeile
- t 1 Fühlerlehre
- u 1 Gabel für M.G.¹)
- v 1 Hakenschlüssel 34/36 mm Ringmutter
- w 1   „   45/50 „   „
- x 1   „   58/62 „   „
- y 1   „   120/130 „   „
- z 1 Halbrundfeile

¹) Nicht abgebildet.

38

AUSBILDUNG DER STURMBOOT-STEUERMÄNNER

B. Ausbildung am Pionier-Sturmboot.

I. Der Pionier-Steuermann.

4. Der Pi.-Steuermann hat einen selbständigen Kampfauftrag. Er ist zugleich **Führer** seines Bootes und Steuermann. **Sein** Einsatzwille ist entscheidend für das Gelingen des Angriffs. Seine Vertrautheit mit Boot und Wasser gibt den Bootsinsassen Sicherheit.

5. Zur Ausbildung sind deshalb nur aufgeweckte und wendige, energische und bedingungslos einsatzfreudige Männer einzuteilen. Sie müssen ihrer Persönlichkeit nach die Gewähr geben, daß sie in allen Lagen klaren Kopf behalten und sachgemäß handeln. Charakterliche Eignung ist wichtiger als technisches Verständnis. Unzuverlässige Schüler sind bald auszumerzen. Die Pi.-Steuerleute müssen Freischwimmer sein.

Die Bedienung des Pi.-Sturmbootes besteht aus dem Pi.-Steuermann und dem Bootsmann. Beide sind gleichmäßig auszubilden.

II. Umfang der Ausbildung.

6. Die Ausbildung am Pi.-Sturmboot gliedert sich in eine theoretische und eine praktische Ausbildung und erstreckt sich auf etwa 3 Wochen. Besonderer Wert ist auf das zweckmäßige Ineinandergreifen der einzelnen Ausbildungszweige zu legen. Der Lehrfilm „Das Sturmboot" gibt für die Ausbildung wertvolle Hinweise. Der Abschluß ist die Pi.-Steuermannprüfung für Pi.-Sturmboote.

1. Theoretische Ausbildung.

7. Sie umfaßt die technische und taktische Ausbildung.

8. Die technische Ausbildung erstreckt sich auf:
  a) Aufbau und Wirkungsweise des Pi. StuMo 39 (D 525/1).
  b) Wartung und Pflege des Pi. StuMo 39.
  c) Erkennen und Beheben von Störungen am Pi. StuMo 39.
  d) Polizeiverordnung für Binnenschiffahrtsstraßen (für das in Frage kommende Gewässer).
  e) Ausweichregeln (H. Dv. 220/3 a, Ziff. 66 u. 67).
  f) Besondere Stromverhältnisse.
  g) Verhalten im Pi.-Sturmboot bei Gefahren verschiedener Art (Kentern, „Mann über Bord").
  h) Fassungsvermögen, Sicherheitsbestimmungen.

9. Bei der Ausbildung im Pi.-Sturmboot für ortsnahe Küstenfahrt ist noch zusätzlich zu lehren:
  a) Orientieren auf See in Küstennähe,
  b) Tag- und Nachtsignale und Seezeichen,
  c) Meereskunde, insbesondere Gezeiten, Untiefen, Brandung, Strömung,
  d) Verhalten bei Sturm, Brandung, Sturmflut.

10. In der taktischen Ausbildung ist der Angriff über einen Fluß und gegen eine Küste unter besonderer Berücksichtigung des Einsatzes der Pi.-Sturmboote und des Zusammenwirkens mit anderen Waffen und anderen Wasserfahrzeugen zu schulen. Feuerschutz und Einsatz künstlichen Nebels sind hierbei besonders zu lehren. Der Unterricht ist an Sand- und Wasserkästen durchzuführen.

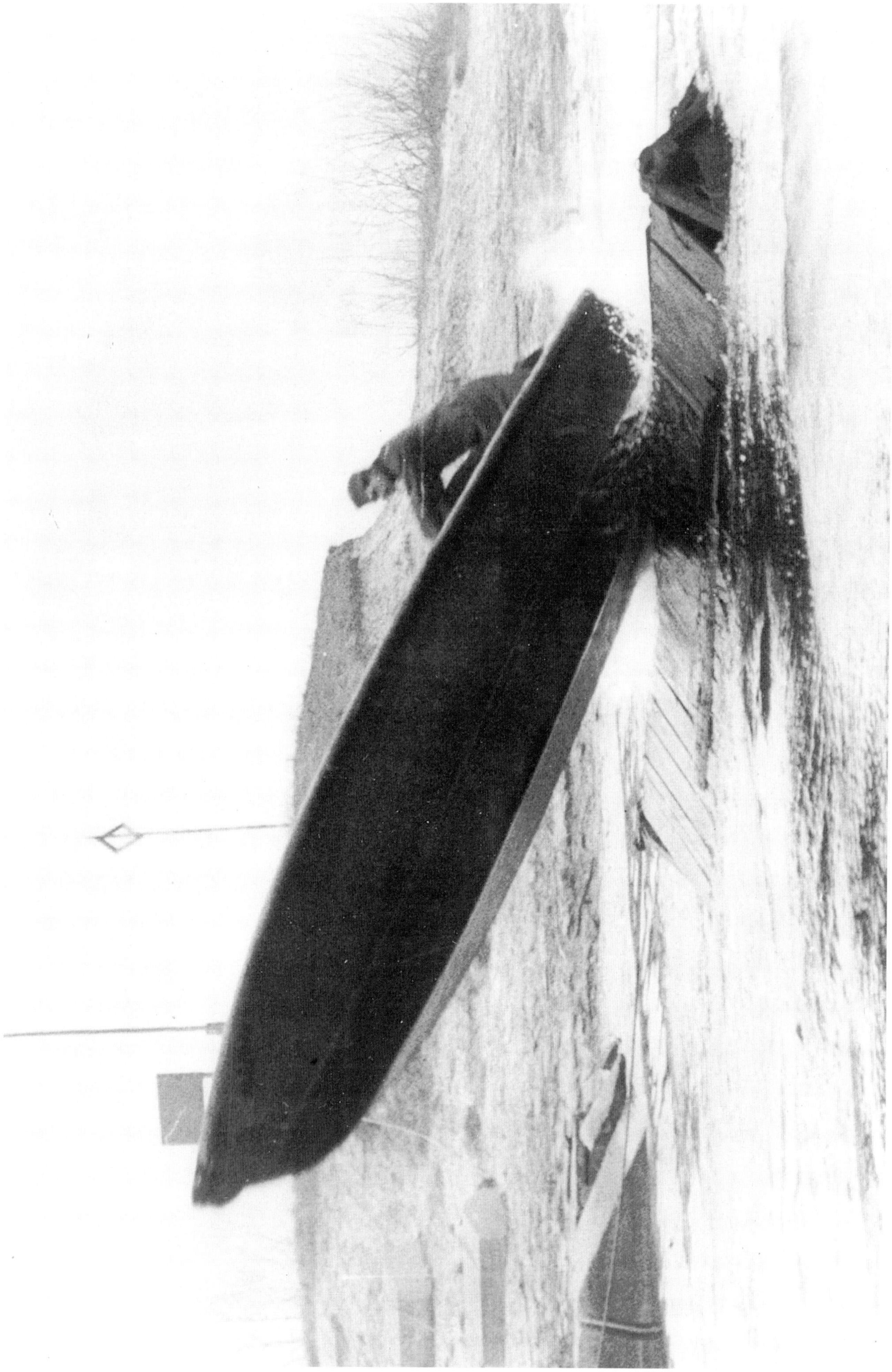

Anlegen einer Teilschutzplane am Motor gegen Witterungseinflüsse.

Ein Boot wird durch Auszubildende (NSKK) zu Wasser gebracht. Im Hintergrund stehen zwei Ausbilder des Heeres.

Ausbildungsdienst

Hier handelt es sich um Angehörige der Luftwaffe (Div. Hermann Göring?) bei der Ausbildung an einem seetüchtigen Sturmboot. Gut erkennbar die Verstärkungen beiderseits des Kiels.

Auch hier sind es Angehörige der Luftwaffe, die am verstärkten Sturmboot Ausbildungsdienst betreiben.

Ein Sturmbootfahrer mit einem gerade verliehenen Eisernen Kreuz II. Klasse. In dieser Form wurde es nur am Tage der Verleihung getragen.

DAS SCHWERE STURMBOOT 42

Das schwere Sturmboot zeichnet sich durch eine größere Länge und zwei fest eingebauten Dieselmotoren aus. Es kam nur in geringer Zahl und dann zumeist auf offener See zu Einsätzen. Hinsichtlich des Aufbaues gab es verschiedene Ausführungen - mit und ohne Kajüte.

Ein Schweres Sturmboot 42 im Mittelmeer. Es erreichte Geschwindigkeiten von über 42 km pro Stunde.

Anlandung eines Schweren Sturmbootes 42. Es hatte eine Länge von 14,50 m, war 3 m breit und zeigte einen Tiefgang von 0,65 m. Es wog 9,5 t, hatte zwei Dieselmotoren mit je 250 PS und konnte 40 Soldaten transportieren.

Ein Schweres Sturmboot mit Kajütenaufbau. Es diente vorrangig als Führungsboot (s. Antennen) bei Landungsunternehmen.